ALEXANDRE DE LIMA ESTEVES

ARQUITETURA
TECNOLÓGICA
E INTELIGÊNCIA
ARTIFICIAL

ESTRATÉGIAS PARA ALTA DISPONIBILIDADE
E SEGURANÇA EM SISTEMAS CRÍTICOS

Alexandre de Lima Esteves

ARQUITETURA TECNOLÓGICA E INTELIGÊNCIA ARTIFICIAL:
ESTRATÉGIA PARA ALTA DISPONIBILIDADE E SEGURANÇA EM SISTEMAS CRÍTICOS

Coordenação editorial:
Gilson Mello

Projeto gráfico:
Flórida Business Academy

Correção, revisão e copidesque:
Fabiana Mello

Direção Geral:
Gilson Mello

Primeira edição 2025

Dados Internacionais de Catalogação na Publicação (CIP)
de Lima Esteves, Alexandre
Arquitetura tecnológica e inteligência artificial:
Estratégia para alta disponibilidade e segurança em sistemas críticos
Alexandre de Lima Esteves; São Paulo-SP: Flórida Business Academy
Tecnologia, 2025.
128 p.
ISBN: 9798312072853
1. Tecnologia 2. Inteligência Artificial. 3. Segurança

Sumário

Capítulo 6:

Capítulo 7:

Capítulo 8:

Capítulo 9:

Capítulo 10:

PREFÁCIO

Alexandre de Lima Esteves

D esde os primeiros anos da minha carreira, sempre fui fascinado pelo impacto que a tecnologia pode ter no mundo. Meu percurso começou na IBM Brasil, onde tive a oportunidade de trabalhar com desenvolvimento de sistemas em Visual Basic e Clipper, criando soluções para desafios tributários complexos. Esse primeiro contato com engenharia de software me ensinou que a tecnologia vai além do código – trata-se de resolver problemas reais e criar soluções que fazem a diferença.

Com o tempo, fui aprimorando minhas habilidades e expandindo minha atuação para projetos mais desafiadores. Trabalhei na Consoft Consultoria e Sistemas, onde tive um papel essencial na mitigação dos impactos do Bug do Milênio nos sistemas da Petrobras. Isso me fez entender a importância da resiliência em sistemas críticos e como o planejamento adequado pode evitar falhas catastróficas. Foi também nesse período que aprofundei meus conhecimentos em C, C++ e bancos de dados avançados como SQL Server e Oracle, permitindo que eu contribuísse para a modernização e confiabilidade de infraestruturas tecnológicas de grande escala.

Meu caminho me levou para desafios ainda maiores na Cluster Reply, onde liderei equipes de desenvolvimento e criei um framework proprietário para simplificar e padronizar a construção de sistemas na plataforma Microsoft .NET. Isso reduziu significativamente os custos e aumentou a precisão das entregas, consolidando minha experiência em arquitetura de software.

Com a evolução das tecnologias, passei a explorar o universo da Computação em Nuvem e Inteligência Artificial, aplicando conceitos inovadores na Microsoft, onde trabalhei em soluções críticas para a XP Investimentos, FEBRABAN e o Banco Central. Foi nesse período que aprofundei meu conhecimento em Azure, Kubernetes e Machine Learning, desenvolvendo sistemas de detecção de fraudes financeiras em tempo real e garantindo a segurança de milhões de transações por minuto.

Essa experiência culminou na minha atuação como Staff Software Engineer na XP Inc., onde liderei a criação de arquiteturas escaláveis para processamento de eventos de alto volume. O uso de Azure Event Hub, IA aplicada a segurança de dados e orquestração de microserviços se tornou a espinha dorsal dos projetos que ajudei a desenvolver, tornando-se referências na indústria.

Atualmente, atuo como consultor estratégico na Wipro Limited, contribuindo para o desenvolvimento de soluções inteligentes de análise de desempenho de hardware no Microsoft Azure. Utilizando Machine Learning e Inteligência Artificial, ajudo a prever falhas e otimizar a eficiência de sistemas em nuvem, apoiando operações críticas com base em dados e automação avançada.

Em paralelo, venho colaborando com outras organizações em projetos desafiadores e de alto impacto. Na Harris Computer Systems Corporation, prestei consultoria no desenvolvimento de soluções mobile e web com .NET C# para Windows Desktop, Android e iOS, integrando também Python, Azure, AWS e Kubernetes. Focado em performance e escalabilidade, projetei sistemas orientados a eventos e microserviços voltados ao setor jurídico, otimizando o fluxo entre advogados e clientes. Além disso, implementei modelos de regressão e aprendizado de máquina para auxiliar no planejamento logístico entre tribunais e escritórios, reduzindo custos operacionais com mobilidade urbana e deslocamentos.

Simultaneamente, colaborei com a Boost Results (EUA), uma plataforma completa para gestão de operações em saúde. Neste projeto, fui responsável por arquitetar aplicações web de alta performance com Angular, Microfrontends, ASP.NET e serviços em Kubernetes, além de integrar modelos preditivos para apoio à decisão clínica. Também projetei pipelines de dados em tempo real com Kafka e Azure Event Hub, automatizando processos críticos e aumentando a eficiência operacional em ambientes hospitalares.

Essas experiências simultâneas refletem meu compromisso com a excelência técnica e minha capacidade de atuar em múltiplos contextos, sempre com foco em inovação, impacto prático e transformação digital. Meu trabalho está onde a tecnologia encontra propósito — seja na nuvem, na saúde, no jurídico ou em qualquer outro setor que demande soluções inteligentes e sustentáveis.

Este livro nasceu da minha experiência prática ao longo dessas duas décadas trabalhando com engenharia de software, arquitetura tecnológica, segurança de sistemas e inteligência artificial. Meu objetivo aqui não é apenas compartilhar conhecimento técnico, mas apresentar estratégias reais que já foram aplicadas e testadas em ambientes empresariais de alta complexidade. Quero mostrar como a alta disponibilidade, escalabilidade e segurança podem ser alcançadas através de boas práticas, ferramentas modernas e inovação contínua.

Se você é um profissional de tecnologia, arquiteto de software, engenheiro de IA ou mesmo um entusiasta da área, espero que este livro sirva como um guia para ajudá-lo a desenvolver sistemas mais seguros, escaláveis e eficientes. A tecnologia está em constante evolução, e aqueles que dominam a arquitetura tecnológica e a inteligência artificial terão um papel essencial na construção do futuro.

Seja bem-vindo à jornada!

Alexandre de Lima Esteves

INTRODUÇÃO

Vivemos na era digital, onde a tecnologia está no centro da inovação e do crescimento dos negócios. Nunca antes as empresas dependeram tanto de sistemas escaláveis, confiáveis e seguros para operar. No entanto, essa evolução acelerada trouxe desafios complexos: como garantir a segurança de sistemas críticos, evitar fraudes financeiras em tempo real e manter a alta disponibilidade de serviços essenciais?

Nos últimos anos, trabalhei em projetos que abordavam exatamente essas questões, ajudando empresas a estruturar arquiteturas tecnológicas robustas, desenvolvendo soluções escaláveis em nuvem e aplicando inteligência artificial para otimizar processos e garantir segurança digital. Uma coisa se tornou clara: sem uma base sólida em arquitetura tecnológica, nenhuma empresa conseguirá sustentar sua inovação a longo prazo.

A transformação digital não é mais uma opção, mas uma necessidade. Grandes corporações, bancos, fintechs e empresas de tecnologia precisam processar bilhões de transações diariamente, analisar grandes volumes de dados e garantir que seus sistemas funcionem com máxima performance e mínima latência. E, enquanto os benefícios são evidentes, os desafios são igualmente significativos:

• A explosão dos dados e a necessidade de processamento em tempo real

• A crescente sofisticação das fraudes digitais e a importância da segurança da informação

• A necessidade de alta disponibilidade para garantir que sistemas nunca saiam do ar

• A complexidade das infraestruturas modernas e a busca por escalabilidade eficiente

Com a experiência adquirida ao longo de duas décadas, atuando em projetos de missão crítica para XP Inc., Microsoft, Petrobras, Cluster Reply e outras grandes empresas, percebi que os princípios fundamentais da engenharia de software, inteligência artificial e arquitetura tecnológica precisam ser aplicados de forma estratégica.

Ao longo dos capítulos, serão exploradas diversas estratégias para enfrentar os desafios mais críticos da tecnologia atual, incluindo:

• Como estruturar arquiteturas tecnológicas para suportar milhões de usuários simultâneos

• A importância da computação em nuvem e como reduzir custos enquanto aumenta a performance

• O papel da inteligência artificial na segurança digital e na detecção de fraudes

• Como garantir alta disponibilidade e criar sistemas resilientes para evitar falhas catastróficas

• O impacto da orquestração de contêineres e Kubernetes na escalabilidade de aplicações

• Os desafios éticos e regulatórios da inteligência artificial e como criar soluções responsáveis

A inovação tecnológica continua avançando em ritmo acelerado, e aqueles que compreendem arquitetura tecnológica e inteligência artificial terão um papel essencial na definição do futuro. Se você deseja construir soluções escaláveis, seguras e preparadas para os desafios da era digital, então este livro foi feito para você.

CAPÍTULO 1

**Arquitetura Tecnológica:
O Alicerce de Sistemas Escaláveis**

Alexandre de Lima Esteves

A base de qualquer sistema robusto começa pela sua arquitetura tecnológica. No mundo atual, onde a demanda por processamento de informações cresce exponencialmente, a maneira como um sistema é projetado determina sua capacidade de escalar, sua segurança e sua resiliência frente a falhas e ameaças.

No entanto, um erro comum em muitas organizações é construir sistemas sem um planejamento adequado, o que resulta em estruturas frágeis, difíceis de expandir e propensas a falhas. Isso pode levar a desempenho ruim, tempo de inatividade inesperado e vulnerabilidades de segurança. Quando esses problemas surgem, muitas vezes a solução exige reformas caras e complexas, que poderiam ter sido evitadas com decisões arquitetônicas mais bem estruturadas desde o início.

Diante disso, entender os princípios fundamentais de uma arquitetura tecnológica eficiente é essencial para garantir que os sistemas sejam flexíveis, confiáveis e preparados para o futuro.

O Papel da Arquitetura Tecnológica na Escalabilidade

Um dos principais desafios dos sistemas modernos é a capacidade de crescer conforme a demanda. Se um site de e-commerce, por exemplo, experimenta um aumento repentino de acessos durante uma promoção, ele precisa estar preparado para lidar com esse fluxo adicional sem comprometer a experiência do usuário. O mesmo se aplica a sistemas financeiros que processam milhões de transações diárias ou a plataformas de streaming que entregam conteúdo para usuários ao redor do mundo.

A escalabilidade pode ser dividida em dois tipos principais:

• Escalabilidade Vertical (Scale-Up): Envolve aumentar a capacidade dos servidores existentes, adicionando mais poder de processamento, memória e armazenamento. Esse método tem suas limitações, pois existe um ponto em que simplesmente adicionar mais recursos não será suficiente para atender a uma demanda crescente.

• Escalabilidade Horizontal (Scale-Out): Consiste em distribuir a carga entre vários servidores ou instâncias, permitindo que o sistema cresça de maneira modular e eficiente. Essa abordagem é fundamental para aplicações modernas, pois evita pontos únicos de falha e melhora o desempenho geral.

Para que a escalabilidade horizontal funcione de maneira eficiente, a arquitetura deve ser baseada em componentes independentes e distribuídos, garantindo que cada parte do sistema possa operar de forma isolada e, se necessário, ser replicada conforme a demanda.

Microserviços: Modularizando Sistemas para Maior Flexibilidade

Nos últimos anos, a abordagem baseada em microserviços tornou-se uma referência em arquitetura de software. Diferente do modelo monolítico, onde toda a aplicação está interligada em uma única estrutura, os microserviços dividem um sistema em múltiplos componentes independentes, cada um responsável por uma funcionalidade específica.

Essa abordagem traz inúmeros benefícios, incluindo:

✓ Maior flexibilidade: Cada serviço pode ser desenvolvido, atualizado e escalado de maneira independente, sem impactar o restante do sistema.

✓ Resiliência aprimorada: Se um serviço falha, o restante do sistema continua operando, minimizando impactos.

✓ Facilidade de manutenção e atualizações: Alterações podem ser implementadas de forma mais rápida e segura, sem a necessidade de reescrever grandes blocos de código.

No entanto, a arquitetura baseada em microserviços também traz desafios, como a complexidade na comunicação entre serviços e a necessidade de um gerenciamento eficiente de dados distribuídos. Para isso, são utilizadas estratégias como API

Gateway, filas de mensagens e bancos de dados desacoplados.

Event-Driven Architecture: Sistemas Reativos e Eficientes

Outro conceito essencial para arquiteturas modernas é a Event-Driven Architecture (EDA), ou Arquitetura Orientada a Eventos. Esse modelo permite que sistemas reajam a eventos em tempo real, tornando-se mais eficientes e ágeis.

Na prática, em vez de depender de interações constantes entre os serviços, cada evento gerado dentro do sistema é capturado e processado conforme necessário. Isso evita gargalos de comunicação e melhora a capacidade de resposta em cenários críticos, como:

• Sistemas financeiros que precisam detectar transações suspeitas em tempo real

• Plataformas de comércio eletrônico que ajustam automaticamente o estoque ao detectar uma nova venda

25

• Aplicações de logística que atualizam a entrega de um pedido conforme ele avança nas etapas de transporte

Para implementar essa abordagem, tecnologias como filas de mensagens (RabbitMQ, Apache Kafka), WebSockets e Event Hubs são amplamente utilizadas. Elas garantem que os eventos sejam transmitidos e processados de forma confiável e eficiente, permitindo respostas instantâneas a mudanças no ambiente operacional.

O Uso Inteligente de Bancos de Dados: SQL vs. NoSQL

O armazenamento e a recuperação de dados são partes fundamentais de qualquer sistema. No entanto, escolher o banco de dados certo pode impactar diretamente o desempenho, a escalabilidade e a complexidade da arquitetura.

Os bancos de dados podem ser classificados em dois principais tipos:

• Bancos de Dados Relacionais (SQL): São estruturados e utilizam tabelas com relacionamentos bem definidos. Exemplos incluem Microsoft SQL Server, PostgreSQL e MySQL. Eles são ideais para aplicações que exigem integridade de dados e transações consistentes, como sistemas bancários e ERPs.

• Bancos de Dados Não Relacionais (NoSQL): Projetados para lidar com grandes volumes de dados de forma flexível, sem a rigidez dos modelos relacionais. Exemplos incluem MongoDB, Redis e Cassandra. São amplamente usados para aplicações de alto desempenho, big data e inteligência artificial.

A escolha do banco de dados deve ser feita com base nas necessidades do sistema. Em muitos casos, combinar ambos os tipos pode ser a melhor abordagem, aproveitando a segurança dos bancos relacionais e a flexibilidade e escalabilidade dos NoSQL.

Garantindo Redundância e Alta Disponibilidade

Para evitar interrupções no funcionamento de um sistema, é essencial adotar estratégias de redundância e recuperação de desastres. Isso inclui:

✓ Replicação de dados entre servidores distribuídos para garantir continuidade em caso de falha.

✓ Balanceamento de carga para distribuir o tráfego de usuários de maneira uniforme.

✓ Uso de múltiplos data centers para evitar que um problema localizado comprometa toda a operação.

✓ Automação de processos de failover, garantindo que, caso um servidor apresente problemas, outro assuma sua função imediatamente.

Essas práticas são essenciais para que serviços críticos continuem operando mesmo diante de falhas inesperadas, garantindo alta disponibilidade e confiabilidade.

A arquitetura tecnológica é a base sobre a qual qualquer sistema moderno deve ser construído. Projetar corretamente desde o início é o diferencial entre um sistema que escala de forma eficiente e um que colapsa diante do crescimento da demanda.

Neste capítulo, foram abordados os principais conceitos e estratégias para criar arquiteturas modulares, escaláveis e resilientes, garantindo flexibilidade e segurança para qualquer aplicação.

Nos próximos capítulos, exploraremos como esses princípios se aplicam à computação em nuvem, inteligência artificial, segurança digital e engenharia de confiabilidade, aprofundando a construção de sistemas modernos que suportam alto tráfego, processam grandes volumes de dados e garantem a melhor experiência para os usuários.

Alexandre de Lima Esteves

CAPÍTULO 2

**Computação em Nuvem:
Como Reduzir Custos e Aumentar a Performance**

A computação em nuvem revolucionou a maneira como sistemas são desenvolvidos, implantados e escalados. Em um cenário onde as aplicações modernas exigem alta disponibilidade, flexibilidade e segurança, depender exclusivamente de infraestruturas locais se tornou um grande desafio para empresas que precisam crescer de forma sustentável.

Apesar dos benefícios evidentes da nuvem, muitos negócios ainda enfrentam custos elevados, dificuldades de escalabilidade e falta de otimização no uso dos recursos computacionais. A ausência de um planejamento estratégico pode transformar a migração para a nuvem em um processo ineficiente e oneroso, impedindo que as organizações aproveitem todo o potencial da tecnologia.

Este capítulo explora como utilizar a computação em nuvem de forma eficiente, otimizando custos e maximizando a performance, além de destacar as principais estratégias para garantir escalabilidade, segurança e confiabilidade.

Modelos de Implantação: Qual Escolher?

Antes de aprofundarmos em estratégias para otimização de custos e desempenho, é importante entender os diferentes modelos de implantação da computação em nuvem. Cada um tem suas vantagens e desafios, e a escolha correta depende das necessidades específicas de cada sistema.

1. Nuvem Pública

É o modelo mais utilizado e amplamente adotado, onde provedores como Microsoft Azure, Amazon AWS e Google Cloud oferecem infraestrutura sob demanda.

✓ Vantagens:

Baixo custo inicial e modelo de pagamento sob consumo (pay-as-you-go).

Alta disponibilidade e escalabilidade automatizada.

Fácil acesso a recursos avançados, como Inteligência Artificial e Big Data.

✓ Desafios:

Dependência do provedor e possíveis variações de preço.

Requisitos regulatórios podem exigir maior controle sobre os dados.

2. Nuvem Privada

Infraestrutura exclusiva, mantida internamente ou por um provedor, oferecendo maior controle sobre os recursos.

✓ Vantagens:

Maior segurança e conformidade com regulamentações específicas.

Melhor controle sobre performance e disponibilidade.

✓ Desafios:

Alto custo de implantação e manutenção.

Necessidade de equipes especializadas para gerenciamento da infraestrutura.

3. Nuvem Híbrida

Combinação da nuvem pública e privada, permitindo que empresas utilizem o melhor dos dois mundos.

✓ Vantagens:

Flexibilidade para armazenar dados críticos em ambiente privado e usar a nuvem pública para escalar aplicações.

Redução de custos ao equilibrar processamento interno e externo.

✓ Desafios:

Exige integração eficiente entre os dois ambientes para evitar problemas de latência e segurança.

A escolha do modelo adequado é essencial para evitar desperdícios de recursos e garantir que a infraestrutura atenda às necessidades da aplicação sem comprometer custos e desempenho.

Escalabilidade Inteligente: Ajustando Recursos Conforme a Demanda

A computação em nuvem permite que aplicações cresçam ou reduzam sua capacidade de processamento automaticamente, garantindo que os recursos sejam utilizados apenas quando necessário. Esse conceito é fundamental para evitar desperdícios e otimizar investimentos.

1. Autoescalonamento

O autoescalonamento ajusta automaticamente a capacidade dos servidores com base no volume de tráfego ou na carga de trabalho do sistema. Ele pode ser implementado de duas formas:

✓ Escalabilidade Vertical (Scale-Up/Down): Aumenta ou reduz o poder de processamento de um servidor específico conforme a necessidade.

✓ Escalabilidade Horizontal (Scale-Out/In): Adiciona ou remove instâncias de servidores para equilibrar a carga de trabalho.

O scale-out é amplamente utilizado em arquiteturas de microserviços e aplicações distribuídas, pois evita a sobrecarga em um único servidor e permite maior tolerância a falhas.

2. Uso de Containers e Kubernetes

O uso de containers melhora a escalabilidade ao permitir que aplicações sejam desacopladas do ambiente de execução e executadas de forma consistente em diferentes servidores. Tecnologias como Docker e Kubernetes automatizam a gestão dessas aplicações, garantindo eficiência e alta disponibilidade.

3. Balanceamento de Carga

O balanceador de carga distribui automaticamente as requisições entre diferentes servidores, garantindo que nenhum fique sobrecarregado. Esse mecanismo é fundamental para evitar gargalos de desempenho e melhorar a experiência do usuário, especialmente em sistemas que recebem milhões de acessos simultâneos.

A correta implementação dessas estratégias reduz falhas, melhora a eficiência operacional e evita custos desnecessários com infraestrutura ociosa.

Redução de Custos na Nuvem: Como Gastar Menos sem Perder Performance

A computação em nuvem oferece grande flexibilidade, mas sem um planejamento eficiente, os custos podem se tornar um grande problema. Algumas estratégias ajudam a evitar desperdícios e otimizar o investimento.

1. Uso de Instâncias Reservadas e Spot Instances

Provedores de nuvem oferecem instâncias reservadas, onde a empresa contrata servidores por um período fixo com desconto significativo. Para cargas de trabalho menos críticas, é possível usar Spot Instances, que aproveitam capacidade ociosa da infraestrutura com preços reduzidos.

2. Armazenamento Otimizado

Nem todos os dados precisam estar armazenados em discos de alta performance. O uso de Storage Tiers permite mover arquivos menos acessados para armazenamento de menor custo, como Cold Storage ou Glacier.

3. Monitoramento e Otimização Contínua

Ferramentas como Azure Monitor, AWS CloudWatch e Google Cloud Operations ajudam a analisar o uso dos recursos e identificar oportunidades de economia. Configurar alertas automáticos evita desperdícios, permitindo ajustes antes que os custos saiam do controle.

A implementação dessas práticas pode reduzir drasticamente os custos operacionais sem comprometer a qualidade e disponibilidade dos serviços.

Segurança na Nuvem: Protegendo Dados e Infraestrutura

A segurança na nuvem é um aspecto crítico, especialmente para sistemas que lidam com informações sensíveis e operações financeiras. Algumas boas práticas garantem proteção contra ataques e vazamentos de dados.

✓ Criptografia de dados em repouso e em trânsito para evitar acesso indevido.

✓ Autenticação multifator (MFA) e políticas de acesso zero trust para reduzir riscos.

✓ Monitoramento contínuo e detecção de ameaças com ferramentas de segurança baseadas em IA.

✓ Backup e disaster recovery para garantir recuperação rápida em caso de falhas.

A implementação dessas estratégias reduz significativamente os riscos e garante conformidade com regulamentações de segurança e privacidade de dados.

A computação em nuvem não é apenas uma tendência, mas uma necessidade para qualquer empresa que busca escalabilidade, eficiência e redução de custos. No entanto, sua adoção deve ser feita com um planejamento estratégico, garantindo otimização de recursos, segurança e alto desempenho.

A nuvem continua evoluindo, e as empresas que souberem adotar suas melhores práticas estarão à frente da inovação e preparadas para os desafios do futuro.

CAPÍTULO 3

Inteligência Artificial Aplicada à Segurança e Detecção de Fraudes

Alexandre de Lima Esteves

A evolução dos sistemas digitais trouxe incontáveis benefícios, mas também ampliou os desafios relacionados à segurança e confiabilidade das informações. Com volumes gigantescos de transações acontecendo em tempo real, a necessidade de identificar fraudes rapidamente e mitigar ataques cibernéticos tornou-se uma prioridade absoluta.

Muitos métodos tradicionais de segurança e detecção de ameaças já não são suficientes para lidar com a complexidade e a velocidade com que novas técnicas de fraude são desenvolvidas. As abordagens convencionais, baseadas em regras fixas e verificações manuais, são limitadas e não acompanham a escala das ameaças modernas. Diante desse cenário, a Inteligência Artificial (IA) e o Machine Learning surgiram como soluções poderosas para garantir a segurança e a integridade de sistemas críticos.

O uso de modelos preditivos para detectar padrões suspeitos, automatizar respostas e antecipar comportamentos maliciosos tornou-se uma estratégia essencial para empresas que desejam manter confiabilidade e eficiência em ambientes de alto risco.

Como a Inteligência Artificial Revolucionou a Segurança Digital

A implementação de IA na segurança cibernética trouxe uma nova perspectiva para a detecção de ameaças. Diferente das abordagens tradicionais, os algoritmos de Machine Learning podem analisar milhões de registros em poucos segundos, identificando anomalias e possíveis ataques com precisão superior ao monitoramento humano.

As técnicas de IA aplicadas à segurança podem ser divididas em três categorias principais:

✓ Detecção de Anomalias: Algoritmos analisam o comportamento padrão de usuários e sistemas, identificando atividades fora do normal. Se um usuário costuma acessar uma conta de um local específico e, de repente, há um login suspeito vindo de outro país, o sistema pode bloquear ou exigir autenticação adicional.

✓ Análise de Padrões Comportamentais: Modelos treinados conseguem reconhecer estratégias recorrentes de ataque e prevenir invasões antes que elas ocorram. Isso é especialmente útil em sistemas bancários e e-commerces, onde fraudes podem causar prejuízos financeiros imensos.

✓ Automação de Respostas a Ameaças: Em vez de apenas detectar um ataque, a IA pode acionar protocolos de segurança de forma autônoma, bloqueando acessos suspeitos, alterando permissões e notificando administradores antes que o dano se espalhe.

A Detecção de Fraudes em Tempo Real com Machine Learning

Fraudes digitais se tornaram uma das maiores preocupações para qualquer sistema transacional. Golpes sofisticados são aprimorados constantemente, dificultando a detecção manual e tornando o combate

47

a fraudes um jogo de resistência contra criminosos digitais cada vez mais especializados.

O uso de modelos de Machine Learning para análise de transações tem sido uma das estratégias mais eficazes para impedir fraudes antes que elas aconteçam. Diferente dos sistemas convencionais, que dependem de listas de bloqueio e regras fixas, a IA pode aprender e evoluir conforme novos padrões de ataque surgem.

Para que um sistema antifraude baseado em IA funcione corretamente, ele deve contar com dados históricos robustos, capazes de alimentar o algoritmo e treinar modelos precisos. A seguir, algumas das principais técnicas utilizadas na detecção de fraudes:

1. Regressão e Classificação de Transações

Modelos preditivos podem identificar se uma transação é legítima ou suspeita com base em variáveis como valor, local, horário e comportamento do usuário. Algoritmos como Regressão Logística e Random Forest ajudam a classificar transações em diferentes níveis de risco.

2. Redes Neurais para Reconhecimento de Padrões

As redes neurais profundas são utilizadas para identificar padrões complexos e não lineares que podem indicar fraudes. Esses modelos são particularmente úteis para detectar operações fraudulentas camufladas entre transações legítimas.

3. Modelos de Aprendizado Não Supervisionado

Enquanto métodos supervisionados aprendem com exemplos rotulados (transações classificadas como "fraude" ou "não fraude"), técnicas não supervisionadas podem detectar anomalias sem precisar de rótulos explícitos. Algoritmos como K-Means e Isolation Forest identificam comportamentos inesperados e indicam possíveis fraudes ocultas nos dados.

4. Processamento em Tempo Real

A eficácia de um sistema antifraude depende da sua velocidade de resposta. Se um ataque ocorre e a detecção leva minutos ou horas, os danos podem ser irreversíveis. Ferramentas como Azure Event Hub, Apache Kafka e Kusto Queries (KQL) possibilitam análise e tomada de decisão instantâneas.

A união dessas abordagens cria um ambiente seguro e dinâmico, onde a IA não apenas identifica riscos, mas também previne ataques de forma automatizada.

O Papel da Computação em Nuvem na Segurança Inteligente

A nuvem desempenha um papel essencial na segurança baseada em IA. Além de permitir o processamento massivo de dados, os provedores de nuvem oferecem ferramentas e serviços específicos para segurança digital.

Algumas das soluções mais utilizadas incluem:

✓ Análise de Comportamento com Microsoft Sentinel e AWS GuardDuty: Plataformas que utilizam IA para detectar atividades suspeitas e evitar ataques em larga escala.

✓ Proteção Contra Ataques DDoS com Cloudflare e AWS Shield: Sistemas inteligentes que identificam tráfego malicioso e bloqueiam acessos fraudulentos antes que causem danos.

✓ Monitoramento de Segurança com Azure Security Center: Detecta ameaças em tempo real e propõe ações corretivas para mitigar riscos.

A nuvem permite que sistemas de segurança sejam escaláveis e sempre atualizados, evitando que novas vulnerabilidades sejam exploradas por atacantes.

Desafios e Limitações da Inteligência Artificial na Segurança

Apesar dos benefícios evidentes, a IA na segurança digital ainda enfrenta desafios que precisam ser considerados:

- ✓ Falsos Positivos: Se o modelo não for bem calibrado, pode bloquear transações legítimas e gerar transtornos para usuários.
- ✓ Evolução das Técnicas de Fraude: Criminosos estão cada vez mais sofisticados, criando ataques projetados para enganar modelos de IA.
- ✓ Privacidade de Dados: Treinar modelos com informações sensíveis exige conformidade com

51

LGPD e GDPR, garantindo que a privacidade dos usuários seja preservada.

Superar esses desafios exige um monitoramento contínuo dos algoritmos, garantindo que a IA seja precisa e adaptável a novos cenários.

A aplicação da Inteligência Artificial na segurança digital se tornou uma ferramenta indispensável para proteger sistemas, detectar fraudes e responder rapidamente a ameaças emergentes. O avanço da tecnologia permite que modelos preditivos e análise de padrões comportamentais sejam implementados em larga escala, garantindo um ambiente mais seguro para empresas e usuários.

A segurança nunca foi tão crucial quanto agora, e o futuro da proteção digital dependerá cada vez mais da inteligência artificial e das inovações na arquitetura tecnológica.

CAPÍTULO 4

**Alta Disponibilidade: Mantendo Sistemas Críticos
Ativos 24/7**

Alexandre de Lima Esteves

A continuidade operacional de um sistema é um fator decisivo para empresas que dependem de tecnologia para suas operações diárias. Um tempo de inatividade inesperado pode causar prejuízos financeiros significativos, comprometer a experiência do usuário e até mesmo impactar a reputação da organização. Para evitar que falhas prejudiquem serviços essenciais, é fundamental garantir alta disponibilidade, ou seja, a capacidade de um sistema funcionar ininterruptamente, independentemente de falhas técnicas ou picos de demanda.

Muitos problemas de disponibilidade ocorrem por planejamento inadequado da arquitetura. Sistemas que não possuem redundância, balanceamento de carga ou planos de recuperação podem falhar diante de eventos inesperados, como picos de acesso, falhas de hardware, ataques cibernéticos ou desastres naturais.

O Que Define a Alta Disponibilidade?

Alta disponibilidade não significa apenas que um sistema fica no ar a maior parte do tempo. Ela é caracterizada pela capacidade de um sistema de continuar operando, mesmo quando enfrenta falhas ou sobrecarga. Para medir isso, utiliza-se o conceito de SLA (Service Level Agreement), que define percentuais de disponibilidade esperados.

Um sistema com 99% de disponibilidade pode parecer confiável, mas isso representa cerca de 87 horas de inatividade por ano. Já um SLA de 99,999% (também chamado de "cinco noves") reduz essa indisponibilidade para menos de 5 minutos por ano.

Alcançar esse nível de confiabilidade exige uma arquitetura bem planejada e um conjunto de estratégias para prevenção e recuperação de falhas.

Redundância: A Primeira Linha de Defesa Contra Falhas

Ter um único ponto de falha é um dos maiores riscos para qualquer sistema crítico. A redundância resolve esse problema ao garantir que há componentes extras prontos para assumir a carga caso algo falhe.

As principais formas de aplicar redundância incluem:

✓ Redundância de Servidores: Em vez de depender de um único servidor, é possível distribuir a carga entre várias instâncias para garantir que, se uma falhar, outra assume imediatamente.

✓ Replicação de Bancos de Dados: Manter cópias dos dados em múltiplas localizações evita a perda de informações caso um servidor sofra uma pane.

✓ Armazenamento Distribuído: Utilizar soluções como Amazon S3, Azure Blob Storage ou Google Cloud Storage garante que os dados estejam acessíveis, mesmo se um data center ficar indisponível.

Com uma infraestrutura redundante, um sistema não depende de um único ponto de falha, tornando-se mais resiliente e preparado para lidar com imprevistos.

Balanceamento de Carga: Distribuindo o Tráfego com Eficiência

Para evitar a sobrecarga de um único servidor, o balanceamento de carga distribui automaticamente as requisições entre vários servidores. Isso melhora o desempenho, a escalabilidade e a resiliência do sistema.

Os métodos mais comuns de balanceamento incluem:

✓ Round Robin: Direciona cada nova requisição para um servidor diferente em sequência.

✓ Least Connections: Envia requisições para o servidor com menor carga no momento.

✓ Geolocalização: Direciona os usuários para servidores mais próximos, reduzindo a latência.

Ao implementar um balanceador de carga, um sistema pode lidar melhor com variações no volume de tráfego, garantindo um desempenho estável mesmo em momentos de alta demanda.

Estratégias de Recuperação Rápida e Disaster Recovery

Mesmo com todas as precauções, falhas podem ocorrer. O diferencial está na velocidade e eficiência com que um sistema se recupera. Para isso, é essencial ter um Plano de Recuperação de Desastres (Disaster Recovery Plan – DRP) bem estruturado.

As principais estratégias incluem:

✓ Backups Regulares: Garantir cópias periódicas dos dados para evitar perdas irreversíveis.

✓ Failover Automático: Quando um servidor falha, outro assume automaticamente a carga, sem interrupções perceptíveis para os usuários.

✓ Multi-Cloud ou Multi-Region: Distribuir serviços entre diferentes provedores ou regiões geográficas para mitigar riscos de falha localizada.

✓ Testes Periódicos: Simular falhas para avaliar a eficiência das estratégias de recuperação e identificar pontos de melhoria.

Uma infraestrutura bem preparada para falhas consegue reduzir o tempo de recuperação (RTO – Recovery Time Objective) e limitar a perda de dados (RPO – Recovery Point Objective), garantindo continuidade operacional com o mínimo de impacto possível.

O Papel da Orquestração e Automação na Disponibilidade

Garantir que os sistemas se recuperem de forma rápida e automática é um dos pilares da alta disponibilidade. Ferramentas de orquestração e automação são essenciais para garantir que as aplicações se autoajustem diante de falhas ou picos de demanda.

As soluções mais comuns incluem:

✓ Kubernetes para Gerenciamento de Containers: Automatiza o escalonamento e a recuperação de aplicações distribuídas.

✓ Terraform e Infrastructure as Code (IaC): Permite recriar toda a infraestrutura rapidamente em caso de falha grave.

✓ Monitoramento Inteligente com IA: Ferramentas como Azure Monitor, AWS CloudWatch e Google Operations usam inteligência artificial para prever problemas antes que impactem a operação.

Com essas soluções, a infraestrutura se torna autônoma, responsiva e preparada para crescer conforme a necessidade, sem exigir intervenção manual constante.

Quando a Alta Disponibilidade Faz a Diferença

A importância da alta disponibilidade fica evidente quando analisamos cenários reais onde falhas causaram prejuízos bilionários.

• E-commerce em Black Friday: Sites que não se preparam para picos de acesso sofrem quedas, perdendo milhões em vendas. Empresas que adotam escalabilidade automática evitam esse problema.

• Bancos e Serviços Financeiros: Instituições que investem em infraestrutura redundante garantem que transações sejam processadas sem atrasos, independentemente da carga do sistema.

• Serviços de Streaming e Redes Sociais: Aplicações que rodam em múltiplos data centers ao redor do mundo conseguem oferecer conteúdo ininterruptamente, mesmo em falhas localizadas.

Cada um desses exemplos destaca como a implementação de estratégias de disponibilidade impacta diretamente o sucesso e a confiabilidade de um serviço.

A alta disponibilidade é um fator essencial para qualquer sistema moderno. Sem ela, empresas correm o risco de perder clientes, receita e credibilidade devido a falhas operacionais.

A disponibilidade, quando bem planejada, não é apenas uma vantagem competitiva, mas um requisito indispensável para qualquer sistema crítico que precisa funcionar 24 horas por dia, 7 dias por semana, sem margem para erros.

CAPÍTULO 5

Segurança Cibernética em Ambientes de Alta Escalabilidade

Alexandre de Lima Esteves

ARQUITETURA TECNOLÓGICA E INTELIGÊNCIA ARTIFICIAL

O crescimento exponencial dos serviços digitais ampliou significativamente os desafios de segurança cibernética. Sistemas que precisam lidar com milhões de transações diárias tornam-se alvos constantes de ataques sofisticados. A proteção desses ambientes exige não apenas ferramentas eficazes, mas uma arquitetura planejada para mitigar riscos sem comprometer o desempenho.

Muitas infraestruturas modernas ainda adotam abordagens reativas para segurança, onde medidas só são tomadas após um ataque já ter ocorrido. Esse modelo se tornou insustentável diante da complexidade das ameaças atuais. A abordagem mais eficaz é a segurança proativa, que antecipa riscos e impede invasões antes que possam causar danos significativos.

O Conceito de Segurança por Design

Sistemas seguros não são criados apenas com ferramentas de proteção, mas com arquitetura bem projetada. O conceito de Segurança por Design (Security by Design) estabelece que medidas de segurança devem ser implementadas desde o início do desenvolvimento, e não apenas adicionadas depois como uma camada extra.

Entre os princípios fundamentais dessa abordagem estão:

✔ Privilégio Mínimo: Usuários e processos devem ter apenas as permissões necessárias para executar suas funções, reduzindo a superfície de ataque.

✔ Segmentação de Rede: Separar partes críticas do sistema impede que um ataque comprometa toda a infraestrutura.

✔ Criptografia de Dados: Tanto em trânsito quanto em repouso, a criptografia garante que informações não sejam acessadas indevidamente.

✓ Monitoramento Contínuo: Ferramentas inteligentes devem analisar padrões de tráfego e comportamento para identificar possíveis ameaças antes que se concretizem.

Projetar sistemas já considerando esses princípios reduz significativamente os riscos e evita remediações complexas no futuro.

Zero Trust: A Nova Abordagem de Segurança

Os modelos tradicionais de segurança confiavam na ideia de que, uma vez dentro da rede corporativa, um usuário ou sistema era considerado confiável. Esse conceito provou ser falho, pois ataques muitas vezes ocorrem a partir de acessos internos comprometidos.

A abordagem Zero Trust Security (Confiança Zero) parte do princípio de que nenhuma entidade é confiável por padrão, exigindo verificações contínuas antes de conceder acesso.

Essa metodologia inclui três pilares essenciais:

✓ Autenticação Contínua: Em vez de apenas validar o login inicial, o sistema deve verificar regularmente se o comportamento do usuário continua compatível com seu perfil.

✓ Microsegmentação: Redes devem ser divididas em pequenas zonas seguras, impedindo que um invasor mova-se livremente caso consiga acesso.

✓ Princípio de Menor Acesso: Os usuários só devem acessar os recursos estritamente necessários para suas funções, reduzindo a superfície de ataque.

Implementar o Zero Trust transforma a segurança cibernética de um sistema, dificultando ataques e minimizando impactos em caso de comprometimento.

Proteção Contra Ataques Distribuídos (DDoS)

Sistemas escaláveis frequentemente se tornam alvos de ataques de negação de serviço distribuídos (DDoS), onde milhares de requisições simultâneas sobrecarregam servidores, tornando serviços inacessíveis. Esse tipo de ataque pode causar interrupções operacionais severas e prejuízos financeiros significativos.

Para mitigar esse risco, algumas estratégias se destacam:

✓ Balanceamento de Carga Inteligente: Distribuir o tráfego entre várias instâncias reduz o impacto de um ataque direcionado a um único servidor.

✓ Firewalls de Aplicação (WAF): Esses sistemas bloqueiam requisições maliciosas antes que cheguem ao backend da aplicação.

✓ Detecção de Tráfego Anômalo: Ferramentas baseadas em IA analisam padrões de acesso e bloqueiam comportamentos suspeitos automaticamente.

✓ CDN (Content Delivery Network): Distribuir o conteúdo em múltiplos servidores reduz a sobrecarga, mantendo a aplicação acessível mesmo sob ataque.

Adotar essas práticas impede que ameaças baseadas em sobrecarga de tráfego comprometam a disponibilidade de sistemas críticos.

Gerenciamento de Identidade e Controle de Acesso

Um dos vetores mais comuns de ataques cibernéticos envolve credenciais comprometidas. Se um invasor consegue acesso a uma conta privilegiada, ele pode explorar toda a infraestrutura sem ser detectado.

A gestão segura de identidade e acesso (IAM – Identity and Access Management) evita esse problema ao implementar medidas rigorosas de controle.

✓ Autenticação Multifator (MFA): Exige mais de uma forma de verificação para autorizar acessos, dificultando invasões mesmo em caso de senhas vazadas.

✓ Políticas de Rotação de Senhas: Força a renovação periódica de credenciais, evitando que acessos antigos possam ser explorados.

✓ Monitoramento de Sessões Ativas: Detecta e finaliza automaticamente logins suspeitos ou inativos.

✓ Registros e Auditorias de Acesso: Mantém logs detalhados para rastrear atividades incomuns e detectar possíveis ameaças antes que causem danos.

Proteger o acesso a sistemas críticos é uma das formas mais eficazes de reduzir vulnerabilidades e impedir ataques direcionados.

Inteligência Artificial Aplicada à Segurança

A evolução da IA e do Machine Learning trouxe avanços significativos na detecção e mitigação de ameaças. Diferente das abordagens tradicionais, que dependem de regras fixas, os sistemas baseados em IA conseguem identificar padrões incomuns e prever ataques antes que aconteçam.

Os principais usos da inteligência artificial na segurança incluem:

✓ Detecção de Comportamento Suspeito: Modelos preditivos analisam padrões de acesso e identificam atividades fora do esperado, alertando sobre possíveis invasões.

✓ Análise Forense Automatizada: Permite que incidentes sejam investigados rapidamente, reduzindo o tempo necessário para respostas corretivas.

✓ Resposta a Ameaças em Tempo Real: Algoritmos de IA podem bloquear acessos não autorizados, isolar sistemas comprometidos e acionar protocolos de segurança automaticamente.

A adoção dessas tecnologias permite que sistemas se protejam de maneira inteligente e autônoma, reagindo antes que ataques causem danos irreversíveis.

Boas Práticas para Garantir Segurança em Ambientes Escaláveis

Com a evolução das ameaças digitais, adotar práticas rigorosas de segurança tornou-se essencial para garantir a integridade de sistemas críticos. Algumas diretrizes fundamentais incluem:

✓ Backups Criptografados e Distribuídos: Garante a recuperação de dados sem risco de acesso indevido.

✓ Patch Management Automatizado: Mantém sistemas sempre atualizados contra vulnerabilidades recém-descobertas.

✓ Testes de Penetração e Simulações de Ataque: Permite identificar e corrigir falhas antes que sejam exploradas por criminosos.

✓ Treinamento Contínuo de Equipes: A segurança não depende apenas de tecnologia, mas também da conscientização dos profissionais que operam os sistemas.

Aplicar essas medidas reduz riscos e torna a infraestrutura resiliente mesmo diante de ameaças avançadas.

A segurança cibernética em ambientes de alta escalabilidade exige estratégias avançadas e abordagem proativa para proteger sistemas críticos contra invasões, fraudes e falhas operacionais. O uso de Zero Trust, inteligência artificial e controle rigoroso de acessos é fundamental para mitigar riscos sem comprometer o desempenho.

Garantir que a segurança acompanhe o crescimento da infraestrutura é um dos maiores desafios da atualidade, mas com a aplicação correta de tecnologias e boas práticas, é possível construir sistemas robustos e protegidos, capazes de operar de maneira confiável e segura diante de qualquer cenário.

CAPÍTULO 6

Orquestração de Contêineres e Kubernetes: Escalabilidade e Automação

Alexandre de Lima Esteves

A crescente complexidade dos sistemas modernos exige infraestruturas altamente escaláveis e gerenciáveis. À medida que aplicações se tornam mais distribuídas e interconectadas, a necessidade de desempenho consistente, automação eficiente e gerenciamento simplificado se torna cada vez mais evidente. Para atender a essa demanda, a orquestração de contêineres surgiu como uma solução fundamental, permitindo que sistemas sejam executados de forma dinâmica, escalável e resiliente.

A transição de aplicações monolíticas para arquiteturas baseadas em microserviços trouxe grandes benefícios, mas também desafios na distribuição, monitoramento e manutenção das aplicações. Gerenciar manualmente dezenas ou centenas de contêineres espalhados por múltiplos servidores pode rapidamente se tornar uma tarefa inviável. É nesse cenário que Kubernetes se consolidou como o padrão de mercado para orquestração de contêineres, oferecendo um ecossistema robusto para automação de escalonamento, balanceamento de carga, recuperação de falhas e otimização de recursos.

A Revolução dos Contêineres e o Papel do Kubernetes

A virtualização tradicional permitiu um grande avanço na utilização de infraestrutura, mas trouxe consigo overhead de recursos e dependências pesadas entre sistemas. Os contêineres surgiram como uma alternativa eficiente, permitindo que aplicações sejam isoladas, leves e portáteis, sem a necessidade de replicar sistemas operacionais completos.

Diferente das máquinas virtuais, onde cada instância precisa de um sistema operacional independente, os contêineres compartilham o mesmo kernel do host, garantindo um consumo menor de memória e CPU, além de inicializações extremamente rápidas.

Entretanto, lidar com múltiplos contêineres manualmente se torna impraticável em ambientes escaláveis. O Kubernetes resolve esse problema ao oferecer um sistema de orquestração que automatiza a distribuição e gerenciamento dos contêineres, garantindo alta disponibilidade, segurança e escalabilidade sob demanda.

Principais Benefícios da Orquestração de Contêineres

A adoção do Kubernetes e da orquestração de contêineres trouxe diversos avanços para a arquitetura de software, permitindo que aplicações sejam executadas de maneira mais eficiente e resiliente. Alguns dos principais benefícios incluem:

✓ Escalonamento Automático (Auto Scaling): Ajusta dinamicamente o número de contêineres conforme a carga de trabalho, garantindo eficiência no uso de recursos.

✓ Balanceamento de Carga: Distribui automaticamente as requisições entre os contêineres disponíveis, evitando sobrecarga em um único ponto do sistema.

✓ Recuperação Automática (Self-Healing): Se um contêiner falhar, o Kubernetes automaticamente reinicia e redistribui a carga, reduzindo impactos operacionais.

✓ Desacoplamento entre Aplicação e Infraestrutura: Permite que aplicações sejam executadas de forma independente do hardware ou do sistema operacional subjacente.

✓ Gerenciamento Declarativo: A infraestrutura pode ser definida como código (Infrastructure as Code), garantindo previsibilidade e padronização nas implantações.

Essas características tornam o Kubernetes uma peça fundamental na modernização e otimização de arquiteturas tecnológicas.

Estrutura e Componentes do Kubernetes

Para entender o funcionamento do Kubernetes, é importante conhecer seus principais componentes e como eles interagem para garantir a orquestração eficiente dos contêineres.

1. Pods

A menor unidade de implantação no Kubernetes. Um Pod pode conter um ou mais contêineres que compartilham recursos como rede e armazenamento.

2. Nodes

Cada máquina física ou virtual onde os contêineres são executados. Pode ser um Worker Node (responsável pela execução dos Pods) ou um Master Node (que gerencia o cluster).

3. Cluster

Conjunto de múltiplos Nodes interconectados que compõem o ambiente Kubernetes.

4. Deployments

Definem como e quantos contêineres devem ser executados em um determinado ambiente, garantindo replicação e atualização controlada.

5. Services

Permitem que aplicações dentro do cluster se comuniquem entre si e com o mundo externo, abstraindo a complexidade da infraestrutura subjacente.

Esses componentes trabalham juntos para fornecer um ambiente de execução robusto e escalável, essencial para aplicações de missão crítica.

Escalabilidade e Auto Healing: Como Garantir Resiliência

O Kubernetes permite que aplicações sejam autoescaláveis, ajustando automaticamente a quantidade de contêineres ativos conforme a necessidade.

As duas formas mais comuns de escalabilidade incluem:

✓ Horizontal Pod Autoscaler (HPA): Aumenta ou reduz a quantidade de Pods conforme métricas como uso de CPU ou tráfego de rede.

✓ Cluster Autoscaler: Ajusta o número de nós do cluster, garantindo que a infraestrutura acompanhe a demanda da aplicação.

Além disso, o Kubernetes incorpora mecanismos de auto-healing, permitindo que falhas sejam corrigidas automaticamente. Se um Pod apresentar comportamento inesperado, ele pode ser reiniciado ou movido para outro Node, garantindo continuidade na execução da aplicação.

Segurança em Ambientes Orquestrados

Com a adoção crescente do Kubernetes, a segurança se tornou uma preocupação fundamental. Garantir que os contêineres não sejam comprometidos é essencial para manter a integridade e confiabilidade da infraestrutura.

Entre as principais práticas de segurança estão:

✓ Configuração de Políticas de Rede (Network Policies): Define quais Pods podem se comunicar entre si, evitando acessos não autorizados.

✓ Controle de Acesso Baseado em Funções (RBAC - Role-Based Access Control): Restringe permissões conforme a necessidade de cada usuário ou serviço.

✓ Assinatura e Verificação de Imagens: Garante que apenas imagens de contêiner verificadas e confiáveis sejam implantadas.

✓ Monitoramento Contínuo: Ferramentas como Falco, Aqua Security e Kube-bench detectam atividades suspeitas e vulnerabilidades no ambiente Kubernetes.

Manter uma abordagem proativa de segurança evita que falhas no gerenciamento de contêineres resultem em ataques ou vazamentos de dados.

Desafios e Melhores Práticas na Implementação do Kubernetes

Embora a adoção do Kubernetes traga inúmeros benefícios, sua implementação pode ser complexa e exigir adaptações. Alguns dos principais desafios incluem:

- ✓ Gerenciamento de Logs e Monitoramento: Com múltiplos contêineres em execução, garantir visibilidade e rastreamento de falhas pode ser desafiador.

✓ Consumo de Recursos: Configurações inadequadas podem gerar consumo excessivo de CPU e memória.

✓ Manutenção e Atualizações: Clusters desatualizados podem conter vulnerabilidades e impactar a performance da aplicação.

Para mitigar esses desafios, algumas boas práticas são essenciais:

✓ Utilizar Ferramentas de Observabilidade: Soluções como Prometheus, Grafana e Elastic Stack ajudam a monitorar a saúde do cluster e identificar gargalos de desempenho.

✓ Otimizar Requests e Limits: Definir corretamente os limites de CPU e memória evita desperdícios e melhora a estabilidade.

✓ Automatizar Deployments e Rollbacks: Implementar CI/CD (Continuous Integration/Continuous Deployment) garante que novas versões sejam lançadas com segurança e revertidas rapidamente em caso de falhas.

Seguir essas diretrizes reduz riscos e melhora a eficiência do ambiente Kubernetes.

A orquestração de contêineres com Kubernetes revolucionou a forma como aplicações modernas são executadas e gerenciadas. Com a capacidade de escalar automaticamente, balancear carga e recuperar falhas de forma autônoma, essa tecnologia se tornou indispensável para arquiteturas distribuídas e de alta disponibilidade.

Implementar estratégias de segurança, monitoramento e automação garante que os benefícios do Kubernetes sejam plenamente aproveitados, permitindo que sistemas operem de maneira eficiente, segura e preparada para o crescimento contínuo.

CAPÍTULO 7

**Data Lakes e Big Data: Gerenciando Grandes
Volumes de Informações**

Alexandre de Lima Esteves

O crescimento exponencial da geração de dados tem transformado a forma como as empresas lidam com armazenamento, processamento e análise de informações. Setores como financeiro, e-commerce, saúde e segurança digital lidam diariamente com trilhões de registros, tornando essencial a adoção de estratégias avançadas para captura, organização e processamento de dados em tempo real.

Sistemas tradicionais baseados em bancos de dados relacionais foram projetados para lidar com estruturas bem definidas e volumes moderados de informações. No entanto, à medida que os dados se tornaram mais complexos, não estruturados e volumosos, essas soluções passaram a enfrentar problemas de escalabilidade, latência e altos custos operacionais.

Neste capítulo, exploraremos como Data Lakes e tecnologias de Big Data revolucionaram a maneira como dados são gerenciados, permitindo armazenamento eficiente, análises preditivas em larga escala e integração com inteligência artificial.

A Evolução do Armazenamento de Dados

Ao longo dos anos, o armazenamento e a gestão de dados passaram por diversas transformações. Bancos de dados convencionais funcionavam bem para pequenas e médias aplicações, mas se tornaram insuficientes diante da necessidade de capturar, processar e analisar grandes volumes de informações em tempo real.

As principais evoluções na gestão de dados incluem:

✓ Bancos de Dados Relacionais (SQL): Usados amplamente em aplicações comerciais, garantindo integridade e consistência.

✓ NoSQL e Bancos Distribuídos: Criados para lidar com dados não estruturados e escalabilidade horizontal.

✓ Data Warehouses: Estruturas voltadas para análises de dados organizados, permitindo relatórios gerenciais e inteligência de negócios.

✓ Data Lakes: Novo modelo de armazenamento que permite a ingestão de dados estruturados, semiestruturados e não estruturados, possibilitando análises mais avançadas.

O avanço das tecnologias de armazenamento permitiu que empresas extraíssem insights estratégicos em tempo real, melhorando a tomada de decisões e a criação de modelos de previsão altamente precisos.

O Papel dos Data Lakes na Transformação Digital

Os Data Lakes surgiram como uma resposta aos desafios impostos pelo crescimento descontrolado de dados e pela necessidade de integrar informações de múltiplas fontes. Diferente dos bancos tradicionais, onde os dados precisam seguir um formato rígido antes de serem armazenados, os Data Lakes permitem o armazenamento bruto de qualquer tipo de dado, possibilitando seu processamento posterior conforme a necessidade.

As principais características dos Data Lakes incluem:

✓ Armazenamento Flexível: Permite armazenar textos, imagens, vídeos, logs, dados de sensores e redes sociais sem a necessidade de estruturação prévia.

✓ Escalabilidade Horizontal: Pode crescer conforme a demanda, distribuindo dados entre múltiplos servidores e reduzindo custos operacionais.

✓ Integração com Machine Learning: Os dados podem ser consumidos diretamente por modelos de inteligência artificial para gerar previsões e análises avançadas.

✓ Suporte para Processamento em Tempo Real: Possibilita a análise contínua de eventos e ações imediatas com base nas informações capturadas.

Empresas que adotam Data Lakes conseguem extrair valor de seus dados de forma mais eficiente, eliminando silos e unificando informações provenientes de diversas fontes.

Big Data: Processando Informações em Larga Escala

A implementação de Big Data permite que empresas lidem com volumes massivos de informações de forma eficiente e estratégica. Diferente dos bancos de dados tradicionais, as tecnologias de Big Data foram projetadas para processar grandes quantidades de dados distribuídos, garantindo baixo tempo de resposta e alta disponibilidade.

Os cinco principais pilares do Big Data incluem:

✓ Volume: Lidar com quantidades massivas de informações, que podem atingir petabytes e exabytes.

✓ Velocidade: Processamento em tempo real para garantir respostas ágeis e decisões estratégicas.

✓ Variedade: Capacidade de processar diferentes tipos de dados, incluindo textos, vídeos, logs, redes sociais e sensores IoT.

✓ Veracidade: Validação e controle de qualidade dos dados para evitar erros e inconsistências.

✓ Valor: Transformação dos dados em informações estratégicas para tomada de decisão.

A adoção de ferramentas como Apache Hadoop, Apache Spark, Google BigQuery e Amazon Redshift permite processar e analisar dados em tempo real, garantindo desempenho otimizado e eficiência operacional.

Processamento de Dados em Tempo Real: O Diferencial Competitivo

O modelo tradicional de análise de dados baseava-se em processamentos periódicos e relatórios gerados em intervalos de tempo pré-definidos. No entanto, em setores como financeiro, segurança cibernética e logística, as decisões precisam ser tomadas instantaneamente, tornando o processamento em tempo real uma necessidade estratégica.

As principais tecnologias utilizadas para análise de dados em tempo real incluem:

✓ Apache Kafka: Plataforma de streaming distribuído que permite a ingestão de dados em grande escala.

✓ Azure Data Explorer (Kusto Queries - KQL): Tecnologia voltada para análises rápidas de grandes volumes de logs e eventos.

✓ Google DataFlow: Permite processamento contínuo e transformações de dados conforme chegam ao sistema.

Empresas que adotam processamento em tempo real conseguem identificar tendências, padrões e ameaças instantaneamente, garantindo tomada de decisão mais ágil e eficaz.

Governança de Dados: Segurança e Compliance

A gestão de grandes volumes de dados exige controle rigoroso sobre acesso, qualidade e conformidade com regulamentações como LGPD (Lei

Geral de Proteção de Dados) e GDPR (Regulamento Geral de Proteção de Dados da União Europeia).

Entre as principais práticas de governança de dados, destacam-se:

✓ Controle de Acesso Baseado em Permissões: Garantir que apenas usuários autorizados possam acessar informações sensíveis.

✓ Monitoramento e Auditoria: Implementação de logs detalhados para rastrear quem acessou ou modificou os dados.

✓ Políticas de Retenção e Exclusão: Definição de regras para armazenar e descartar informações conforme regulamentações legais.

✓ Criptografia de Dados: Aplicação de técnicas de segurança para evitar vazamentos e acessos não autorizados.

Garantir governança eficaz em um Data Lake ou plataforma de Big Data não é apenas uma questão de segurança, mas também um fator crítico para evitar riscos regulatórios e fortalecer a confiança dos clientes e parceiros.

O Futuro dos Data Lakes e Big Data

A evolução contínua das tecnologias de dados aponta para um futuro onde os sistemas serão ainda mais inteligentes, integrados e automatizados. Algumas das tendências emergentes incluem:

✓ Data Lakes Híbridos: Integração de ambientes on-premise e nuvem para maior flexibilidade e controle.

✓ Armazenamento em Camadas (Data Lakehouse): Combinação de Data Lakes e Data Warehouses para otimizar desempenho e custo.

✓ Integração com Inteligência Artificial: Algoritmos cada vez mais avançados para previsão e análise automática de tendências.

✓ Computação Quântica para Processamento de Dados: Expansão da capacidade de análise para resolver problemas computacionais complexos.

A inovação no gerenciamento de dados continua avançando rapidamente, exigindo que empresas adaptem suas estratégias para lidar com informações de maneira eficiente e escalável.

A adoção de Data Lakes e tecnologias de Big Data revolucionou a maneira como dados são armazenados, processados e analisados. Empresas que estruturam suas infraestruturas para lidar com volumes massivos de informações e processamento em tempo real conquistam vantagens competitivas significativas.

Garantir que os dados sejam acessíveis, confiáveis e seguros é essencial para sustentar inovações em inteligência artificial, aprendizado de máquina e automação de decisões, consolidando a base para os negócios digitais do futuro.

CAPÍTULO 8

**Edge Computing e Processamento Descentralizado:
Reduzindo Latência e Aumentando Eficiência**

Alexandre de Lima Esteves

O avanço da tecnologia impulsionou uma crescente demanda por respostas rápidas e processamento de dados em tempo real. Com o aumento do uso de dispositivos conectados, sensores IoT, aplicações móveis e sistemas críticos, tornou-se evidente que a computação tradicional baseada em nuvem não consegue atender a todas as necessidades de latência e disponibilidade exigidas por esses cenários.

A descentralização do processamento de dados, conhecida como Edge Computing, surgiu como uma solução para esse desafio. Em vez de depender de servidores centralizados na nuvem, a computação de borda processa as informações o mais próximo possível da fonte dos dados, reduzindo atrasos e otimizando a eficiência operacional.

A Necessidade de Processamento Descentralizado

A computação tradicional baseada em nuvem trouxe avanços significativos, permitindo escalabilidade, armazenamento ilimitado e acesso remoto a serviços. No entanto, sua centralização também trouxe desafios, especialmente em aplicações que exigem respostas instantâneas e operações contínuas sem interrupções.

Algumas das principais limitações da computação tradicional incluem:

- Latência elevada: Enviar dados até um servidor remoto na nuvem e aguardar resposta pode ser inviável para aplicações que exigem baixa latência.
- Dependência de conexão com a internet: Se a rede falha, o processamento de dados pode ser interrompido, impactando sistemas críticos.
- Consumo elevado de banda larga: O envio constante de grandes volumes de dados para a nuvem gera custos altos e sobrecarga na infraestrutura de rede.

Para contornar essas limitações, Edge Computing processa os dados mais próximos do ponto onde são gerados, garantindo respostas rápidas e reduzindo a carga sobre a infraestrutura de rede.

Como o Edge Computing Funciona?

O modelo de computação de borda desloca o processamento para dispositivos distribuídos próximos à origem dos dados, minimizando a necessidade de transferências longas até servidores centrais.

Principais Componentes da Arquitetura Edge Computing:

✓ Dispositivos de Borda (Edge Devices): Equipamentos que processam dados localmente, como sensores IoT, câmeras inteligentes, dispositivos móveis e gateways industriais.

✓ Servidores de Borda (Edge Servers): Infraestrutura intermediária que executa processamento avançado antes de encaminhar informações para a nuvem.

✓ Orquestração Inteligente: Modelos híbridos que decidem quais dados devem ser processados localmente e quais devem ser enviados para armazenamento centralizado.

Ao reduzir a dependência de data centers remotos, o Edge Computing otimiza o uso da rede e melhora a experiência do usuário, especialmente em setores como saúde, automação industrial, cidades inteligentes e segurança cibernética.

Vantagens do Edge Computing para Ambientes Escaláveis

A adoção de Edge Computing vem crescendo rapidamente, impulsionada pelos benefícios que oferece para aplicações em tempo real e sistemas críticos.

✓ Redução da Latência: Processar dados na borda evita o tempo de ida e volta até servidores remotos, garantindo respostas instantâneas.

✓ Maior Confiabilidade: Mesmo em caso de falha na conexão com a internet, dispositivos de borda continuam operando normalmente.

✓ Eficiência no Uso da Banda Larga: Apenas informações essenciais são enviadas para a nuvem, reduzindo custos operacionais.

✓ Privacidade e Segurança Aprimoradas: Os dados podem ser analisados localmente, minimizando a exposição a ataques externos.

Empresas que dependem de tempo de resposta rápido e operações contínuas encontram no Edge Computing uma solução eficaz para melhorar sua infraestrutura tecnológica.

Casos de Uso do Edge Computing

A descentralização do processamento de dados já está sendo aplicada em diversos setores, impulsionando inovações e melhorando a eficiência operacional.

1. Internet das Coisas (IoT) e Cidades Inteligentes

Dispositivos conectados em cidades inteligentes precisam analisar e agir sobre informações em tempo real, como controle de semáforos inteligentes, monitoramento ambiental e segurança pública.

2. Saúde e Medicina Remota

Equipamentos médicos que monitoram pacientes em tempo real utilizam Edge Computing para analisar sinais vitais e detectar anomalias instantaneamente, sem depender de servidores remotos.

3. Indústria 4.0 e Automação Industrial

Fábricas inteligentes utilizam sensores e dispositivos de borda para monitorar máquinas, prever falhas e otimizar processos produtivos, sem necessidade de intervenção humana.

4. Veículos Autônomos e Mobilidade Inteligente

Carros autônomos exigem tomadas de decisão em milissegundos, tornando inviável depender exclusivamente da nuvem para processar dados de navegação e sensores.

5. Segurança Digital e Monitoramento de Ameaças

Sistemas de vigilância e detecção de intrusões analisam imagens e atividades suspeitas localmente, garantindo resposta imediata a eventos críticos.

Esses exemplos mostram como o processamento distribuído está revolucionando a forma como a tecnologia é aplicada em diversas áreas.

Desafios na Implementação do Edge Computing

Apesar dos benefícios, a adoção do Edge Computing ainda apresenta desafios que precisam ser superados para garantir eficiência e segurança.

- Gerenciamento de Dispositivos Descentralizados: Com milhares de dispositivos operando na borda, torna-se essencial garantir atualizações, manutenção e monitoramento remoto.
- Segurança e Proteção Contra Ataques: Dispositivos de borda podem ser alvos de ataques cibernéticos, exigindo criptografia forte e controle de acesso rigoroso.
- Padronização e Interoperabilidade: A integração entre diferentes fabricantes e protocolos pode dificultar a adoção de soluções unificadas.
- Armazenamento e Processamento Limitado: Alguns dispositivos possuem capacidade

computacional restrita, exigindo otimização do uso de recursos.

Superar esses desafios exige a adoção de ferramentas de gerenciamento centralizado, práticas de segurança robustas e padronização na comunicação entre dispositivos.

A Integração Entre Edge Computing e Nuvem

Embora o Edge Computing traga inúmeras vantagens, ele não substitui completamente a computação em nuvem, mas sim trabalha de forma complementar. A combinação dessas tecnologias permite um equilíbrio ideal entre processamento local e armazenamento centralizado, otimizando custos e desempenho.

Os principais modelos de integração incluem:

✓ Computação Híbrida: Algumas operações são realizadas na borda, enquanto dados históricos e análises mais profundas são armazenadas na nuvem.

✓ Streaming de Dados Inteligente: Apenas informações relevantes são enviadas para servidores centrais, reduzindo a sobrecarga de rede.

✓ Orquestração Dinâmica: Sistemas inteligentes podem decidir, em tempo real, se um dado será processado localmente ou enviado para análise remota.

Essa integração possibilita um modelo de computação distribuído e eficiente, garantindo que aplicações sejam rápidas, confiáveis e escaláveis.

A computação de borda representa um dos avanços mais significativos na arquitetura de sistemas modernos, permitindo que dados sejam processados próximos à sua origem e garantindo latência mínima, maior confiabilidade e otimização do uso da nuvem.

Sua aplicação já está transformando setores como indústria, saúde, transporte e segurança digital, oferecendo respostas mais rápidas e infraestrutura mais eficiente. Embora ainda apresente desafios, a tendência é que Edge Computing se torne um elemento essencial na computação distribuída do futuro, garantindo que sistemas críticos operem de maneira ágil, segura e escalável.

CAPÍTULO 9

Engenharia de Confiabilidade em Software: Como Construir Sistemas à Prova de Falhas

A confiabilidade de um sistema é um dos pilares fundamentais para garantir operações contínuas, segurança dos dados e experiência do usuário sem interrupções. Com o crescimento das aplicações escaláveis e distribuídas, qualquer falha pode resultar em prejuízos financeiros, perda de credibilidade e impactos operacionais severos.

Garantir que um sistema seja confiável não significa apenas evitar falhas, mas também desenvolver mecanismos para detectá-las, mitigá-las e recuperar-se rapidamente. A Engenharia de Confiabilidade em Software (SRE – Site Reliability Engineering) surgiu para garantir que os sistemas operem de maneira eficiente e previsível, mesmo diante de falhas inesperadas.

O Que é Engenharia de Confiabilidade em Software (SRE)?

A Engenharia de Confiabilidade em Software é um conjunto de práticas, metodologias e ferramentas voltadas para a construção de sistemas tolerantes a falhas, escaláveis e altamente disponíveis. Esse conceito combina desenvolvimento de software, automação e monitoramento contínuo para reduzir falhas operacionais e garantir tempo de atividade máximo.

A abordagem SRE foi popularizada por grandes empresas de tecnologia e passou a ser adotada globalmente como uma estratégia essencial para mitigar riscos em infraestruturas críticas. Em vez de focar apenas na prevenção de falhas, a SRE aceita que elas acontecerão e desenvolve mecanismos para que seus impactos sejam mínimos.

Principais Princípios da Engenharia de Confiabilidade

Para que um sistema seja verdadeiramente confiável, algumas práticas são indispensáveis.

1. Observabilidade e Monitoramento

A primeira etapa para garantir a confiabilidade de um sistema é a capacidade de observar e entender seu comportamento em tempo real. Monitorar métricas essenciais como uso de CPU, consumo de memória, tempo de resposta e erros de aplicação permite identificar padrões anormais antes que um problema se agrave.

O uso de ferramentas como Prometheus, Grafana, Elastic Stack e Azure Monitor possibilita a coleta e análise de logs e métricas em larga escala. Além disso, a instrumentação de código permite rastrear fluxos de requisições, tempo de resposta e gargalos de processamento, facilitando diagnósticos e otimizações.

2. Automação de Testes e Validação Contínua

A prevenção de falhas começa no desenvolvimento do software. Sistemas confiáveis implementam testes rigorosos antes de cada implantação, reduzindo a probabilidade de falhas em produção.

Os principais tipos de testes aplicados na engenharia de confiabilidade incluem:

• Testes Unitários: Validam funcionalidades isoladas do sistema.

• Testes de Integração: Avaliam a comunicação entre diferentes módulos da aplicação.

• Testes de Carga: Simulam cenários de alta demanda para garantir estabilidade sob picos de acesso.

• Testes de Regressão: Evitam que novas atualizações afetem funcionalidades já existentes.

Além disso, a implementação de CI/CD (Continuous Integration / Continuous Deployment) automatiza o processo de testes e implantação, garantindo que novas versões sejam lançadas de forma segura e controlada.

3. Tolerância a Falhas e Recuperação Automatizada

Sistemas projetados para serem resilientes incorporam mecanismos de tolerância a falhas, permitindo que continuem operando mesmo diante de problemas inesperados.

Entre as estratégias para garantir recuperação automática estão:

• Redundância e Replicação de Dados: Manter cópias de dados em diferentes locais evita a perda de informações em caso de falha de hardware.

• Balanceamento de Carga: Distribuir requisições entre múltiplos servidores reduz a sobrecarga e melhora a disponibilidade.

• Failover Automático: Em caso de falha em um servidor, outro assume automaticamente a operação, minimizando impactos para os usuários.

• Circuit Breakers: Mecanismos que impedem que falhas em um serviço específico afetem toda a aplicação.

A automação desses processos permite que o sistema se adapte dinamicamente às falhas, garantindo uma recuperação mais rápida e eficiente.

4. Testes de Chaos Engineering

Uma abordagem cada vez mais utilizada na engenharia de confiabilidade é a Chaos Engineering, que consiste em testar falhas intencionais no ambiente de produção para verificar a resiliência do sistema.

Ao simular falhas controladas, é possível avaliar como a infraestrutura responde a diferentes tipos de incidentes, garantindo que mecanismos de recuperação funcionem corretamente. Algumas ferramentas populares para esse tipo de teste incluem Chaos Monkey, Gremlin e LitmusChaos.

Os principais benefícios do Chaos Engineering incluem:

• Identificação de pontos fracos antes que se tornem falhas reais.

• Aprimoramento dos mecanismos de recuperação.

• Aumento da confiabilidade do sistema sob condições adversas.

Esses testes permitem que equipes se preparem melhor para incidentes reais, reduzindo o impacto de falhas em ambientes críticos.

5. Definição de SLAs e SLOs

A confiabilidade de um sistema também depende da definição clara de metas de disponibilidade e desempenho. Os SLAs (Service Level Agreements) e SLOs (Service Level Objectives) são métricas essenciais para garantir que as expectativas de usuários e clientes sejam atendidas.

- SLA: Define o nível mínimo de serviço que deve ser garantido para os usuários, incluindo disponibilidade e tempo de resposta.

- SLO: Metas internas que ajudam a monitorar o desempenho do sistema, garantindo que os SLAs sejam cumpridos.

Esses indicadores permitem que as equipes acompanhem continuamente a saúde da infraestrutura, identificando oportunidades de melhoria e garantindo alta qualidade no serviço oferecido.

Desafios na Implementação da Engenharia de Confiabilidade

Apesar dos benefícios, a adoção da SRE apresenta desafios que precisam ser superados para garantir sua eficácia.

✓ Equilíbrio Entre Velocidade e Estabilidade: Muitas vezes, equipes de desenvolvimento priorizam velocidade na entrega de novas funcionalidades, o que pode comprometer a confiabilidade do sistema. Encontrar um equilíbrio entre inovação e estabilidade é essencial.

✓ Complexidade de Ambientes Distribuídos: Infraestruturas modernas envolvem múltiplos serviços, bancos de dados e APIs. Garantir a confiabilidade em ambientes distribuídos exige observabilidade avançada e estratégias bem definidas de comunicação entre componentes.

✓ Cultura de Responsabilidade Compartilhada: A confiabilidade de um sistema não depende apenas da equipe de infraestrutura, mas de toda a organização. Desenvolvedores, engenheiros de operações e analistas de segurança devem colaborar para garantir um ambiente estável.

Superar esses desafios requer investimento em processos, automação e uma mudança na mentalidade da equipe, onde a confiabilidade seja tratada como prioridade desde a concepção do software.

A Engenharia de Confiabilidade em Software é um componente fundamental para garantir sistemas resilientes, escaláveis e tolerantes a falhas. A adoção de práticas como monitoramento contínuo, testes automatizados, mecanismos de recuperação e Chaos Engineering permite que aplicações modernas ofereçam alta disponibilidade e desempenho consistente, mesmo sob condições adversas.

Ao projetar sistemas com foco em confiabilidade, é possível reduzir impactos operacionais, melhorar a experiência dos usuários e garantir que aplicações críticas operem de forma segura e eficiente. A confiabilidade não deve ser vista como um diferencial, mas sim como uma necessidade fundamental para qualquer infraestrutura digital moderna.

Alexandre de Lima Esteves

CAPÍTULO 10

**Ética na Inteligência Artificial e Segurança de Dados:
O Desafio da Governança Tecnológica**

Alexandre de Lima Esteves

A rápida evolução da inteligência artificial (IA) trouxe inovações revolucionárias, permitindo que sistemas aprendam, tomem decisões e automatizem processos com um nível de eficiência sem precedentes. No entanto, essa transformação também levantou questões críticas sobre ética, transparência, privacidade e segurança de dados.

A IA tem o potencial de impactar positivamente diversos setores, mas quando utilizada sem regulamentação ou critérios éticos bem definidos, pode gerar discriminação algorítmica, violação de privacidade e falta de responsabilidade em decisões automatizadas. Para que essas tecnologias sejam benéficas e sustentáveis a longo prazo, é essencial adotar princípios éticos claros, estratégias de governança robustas e um modelo de segurança que proteja dados sensíveis.

O Papel da Ética na Inteligência Artificial

A ética na IA refere-se ao desenvolvimento e uso responsável de algoritmos para evitar impactos negativos na sociedade. O principal desafio é garantir que os modelos de IA sejam justos, transparentes e seguros, minimizando viés e promovendo a responsabilidade no uso dos dados.

Um dos maiores problemas enfrentados hoje é o viés algorítmico, que ocorre quando os modelos de IA são treinados com dados históricos que refletem desigualdades ou padrões discriminatórios. Isso pode levar a decisões tendenciosas em processos de recrutamento, concessão de crédito, sistemas de segurança e até diagnósticos médicos. Para mitigar esse problema, é essencial que os algoritmos sejam constantemente monitorados e auditados, garantindo que seus resultados sejam imparciais e representativos de diferentes grupos sociais.

Outro ponto crucial é a transparência das decisões automatizadas. Muitas vezes, sistemas de IA operam como "caixas-pretas", onde os usuários e até os próprios desenvolvedores não conseguem entender exatamente como uma determinada decisão foi tomada. Esse cenário gera preocupações, principalmente em setores sensíveis, como jurídico e financeiro, onde a explicabilidade das decisões é essencial para garantir conformidade e justiça.

A Segurança de Dados e os Desafios da Privacidade

Com a proliferação de IA e a crescente digitalização de processos, o volume de dados sensíveis armazenados e processados aumentou exponencialmente. Esse cenário ampliou os riscos relacionados a vazamento de informações, acessos não autorizados e uso indevido de dados pessoais.

A regulamentação de privacidade, como a LGPD (Lei Geral de Proteção de Dados) no Brasil e o GDPR (General Data Protection Regulation) na União Europeia, surgiu para garantir que empresas e organizações lidem com os dados dos usuários de forma segura, ética e transparente. Essas leis estabelecem princípios fundamentais, como:

• Consentimento do Usuário: Dados só podem ser coletados e processados com autorização explícita.

• Direito ao Esquecimento: Usuários podem solicitar a remoção de suas informações dos bancos de dados.

• Portabilidade de Dados: Informações pessoais devem ser facilmente transferíveis entre diferentes serviços.

• Minimização de Dados: Apenas as informações estritamente necessárias devem ser coletadas e armazenadas.

Além das questões regulatórias, a segurança cibernética tornou-se um fator essencial na governança dos dados. Ataques de hackers, violações de sistemas e sequestros de informações (ransomware) cresceram significativamente nos últimos anos. Empresas que não implementam estratégias avançadas de segurança correm o risco de comprometer a privacidade de seus clientes e sofrer sanções legais severas.

Técnicas para Garantir Segurança e Governança de Dados

Para lidar com esses desafios, algumas práticas essenciais foram desenvolvidas para fortalecer a segurança e garantir conformidade com regulamentações de privacidade.

A criptografia de ponta a ponta é uma das formas mais eficazes de proteger informações sensíveis. Ao garantir que os dados sejam armazenados e transmitidos de forma criptografada, evita-se que invasores possam acessá-los em caso de vazamentos ou ataques cibernéticos.

O uso de anonimização e mascaramento de dados também desempenha um papel importante na proteção da privacidade. Esses processos permitem que informações pessoais sejam utilizadas para análise e aprendizado de máquina sem comprometer a identidade dos indivíduos, garantindo maior conformidade com regulamentações de privacidade.

Outra estratégia essencial é a autenticação multifator (MFA), que adiciona camadas extras de segurança ao exigir múltiplas formas de verificação antes de conceder acesso a sistemas ou dados críticos. Isso reduz a vulnerabilidade de senhas comprometidas e dificulta o acesso não autorizado.

A implementação de políticas de acesso baseadas em privilégios mínimos também ajuda a reduzir riscos. Em vez de conceder permissões excessivas a usuários e sistemas, o acesso deve ser restrito apenas às funções essenciais para cada operação, minimizando pontos de falha.

Responsabilidade e Transparência no Uso da Inteligência Artificial

Além dos desafios técnicos e regulatórios, a governança da IA exige responsabilidade e transparência por parte das empresas e desenvolvedores. Modelos de IA devem ser projetados para fornecer explicações claras e auditáveis sobre suas decisões, garantindo que usuários e reguladores possam entender seu funcionamento.

Uma abordagem cada vez mais adotada é a IA Explicável (Explainable AI – XAI), que busca tornar os algoritmos mais compreensíveis e reduzir a opacidade dos modelos preditivos. Isso é essencial para setores como saúde, segurança e finanças, onde as decisões impactam diretamente a vida das pessoas.

Além disso, a adoção de comitês de ética em IA dentro das empresas pode ajudar a definir diretrizes e supervisionar o uso de algoritmos, evitando que tecnologias sejam utilizadas de maneira irresponsável ou discriminatória.

O Impacto Social da Governança Tecnológica

A governança de IA e segurança de dados não afeta apenas empresas e governos, mas toda a sociedade. À medida que essas tecnologias se tornam mais integradas ao cotidiano, garantir que elas sejam usadas de maneira ética e segura é essencial para construir um futuro mais confiável e inclusivo.

Casos de uso irresponsáveis, como a manipulação de informações por meio de deepfakes, algoritmos que amplificam desinformação e sistemas que perpetuam vieses raciais ou sociais, demonstram os riscos de uma IA sem supervisão adequada. A educação e conscientização sobre IA e segurança digital são fundamentais para capacitar empresas, profissionais e cidadãos a utilizarem essas tecnologias de forma responsável.

O papel da governança tecnológica é garantir que a inteligência artificial seja um aliado para a sociedade, e não uma ameaça, promovendo inovação sem comprometer direitos fundamentais.

A governança da inteligência artificial e a segurança de dados tornaram-se questões centrais no avanço da tecnologia. O crescimento do uso de IA em setores críticos exige transparência, responsabilidade e conformidade com regulamentações, garantindo que as decisões automatizadas sejam justas, auditáveis e seguras.

A adoção de boas práticas de segurança, políticas de privacidade rigorosas e mecanismos de IA explicável são passos fundamentais para criar um ambiente tecnológico mais confiável. As empresas e desenvolvedores que adotam uma postura ética e responsável não apenas garantem conformidade com normas regulatórias, mas também fortalecem sua credibilidade e estabelecem um relacionamento de confiança com seus usuários.

À medida que a tecnologia avança, cabe à sociedade definir os limites e diretrizes que guiarão o uso da inteligência artificial e da governança de dados no futuro.

Alexandre de Lima Esteves

CONCLUSÃO

Alexandre de Lima Esteves

A o longo deste livro, exploramos os fundamentos e estratégias essenciais para construir sistemas modernos, escaláveis, seguros e resilientes. Desde a arquitetura tecnológica até a governança da inteligência artificial, cada capítulo abordou práticas indispensáveis para garantir que as infraestruturas digitais sejam eficientes, confiáveis e preparadas para o futuro.

O avanço da tecnologia tem moldado a forma como interagimos com o mundo, e a cada dia surgem novos desafios e oportunidades. O crescimento do uso de IA, a descentralização do processamento com Edge Computing, a automação inteligente e a necessidade de segurança digital reforçada são apenas algumas das tendências que continuarão impulsionando a inovação nos próximos anos.

A Evolução da Computação e os Próximos Desafios

A computação em nuvem consolidou-se como o padrão para infraestruturas escaláveis, mas o futuro aponta para um modelo ainda mais distribuído, onde Edge Computing, IoT e redes descentralizadas desempenharão um papel fundamental. A capacidade de processar dados próximos da origem, reduzir latência e garantir maior autonomia operacional será um diferencial competitivo para empresas que desejam se destacar.

A segurança digital continuará sendo uma prioridade à medida que sistemas se tornam mais complexos e interconectados. A necessidade de proteger informações sensíveis, evitar fraudes e garantir privacidade exige que novas tecnologias de defesa sejam continuamente aprimoradas. O uso de inteligência artificial na detecção de ameaças, autenticação baseada em comportamento e criptografia avançada será essencial para garantir a integridade dos dados.

Outro desafio importante será a ética na inteligência artificial. À medida que os algoritmos se tornam mais poderosos e autônomos, garantir transparência, justiça e responsabilidade nas decisões automatizadas será um dos maiores compromissos da próxima geração de tecnologia. Empresas e governos precisarão trabalhar juntos para estabelecer normas e regulamentações que protejam os usuários e incentivem o uso responsável da IA.

O Papel da Arquitetura Tecnológica na Inovação

A transformação digital não é apenas sobre tecnologia, mas também sobre estratégia e visão de futuro. Arquiteturas bem projetadas são a base para a inovação, permitindo que empresas escalem suas operações, otimizem custos e criem experiências cada vez mais avançadas para seus usuários.

A integração entre microserviços, containers, Kubernetes e orquestração inteligente já se mostrou essencial para lidar com infraestruturas dinâmicas e de alta disponibilidade. No entanto, o futuro exigirá uma abordagem ainda mais integrada e automatizada, onde a inteligência artificial será utilizada para gerenciar e otimizar infraestruturas em tempo real.

As organizações que adotarem estratégias de arquitetura flexíveis e adaptáveis estarão melhor posicionadas para enfrentar os desafios tecnológicos dos próximos anos. A combinação de computação em nuvem, Edge Computing, IA e engenharia de confiabilidade será o diferencial para garantir sistemas resilientes, eficientes e preparados para mudanças constantes.

Construindo o Futuro da Tecnologia

O conhecimento e as práticas abordadas ao longo deste livro são um ponto de partida para a construção de sistemas modernos e inovadores. No entanto, o avanço tecnológico não para, e a evolução da arquitetura tecnológica exigirá aprendizado contínuo, adaptação a novas tendências e um olhar estratégico para o impacto da tecnologia na sociedade.

Os profissionais e empresas que souberem equilibrar inovação, segurança e escalabilidade estarão na vanguarda da transformação digital. Garantir que as decisões tecnológicas sejam baseadas em princípios sólidos de confiabilidade, governança e eficiência permitirá a criação de infraestruturas sustentáveis e preparadas para o futuro.

À medida que novas tecnologias surgem e desafios emergem, uma coisa é certa: a arquitetura tecnológica e a inteligência artificial continuarão moldando o mundo ao nosso redor, e aqueles que dominarem essas disciplinas terão um impacto direto na construção do futuro digital.

www.ingramcontent.com/pod-product-compliance
Lightning Source LLC
LaVergne TN
LVHW092029060326
832903LV00058B/480